AF260173

L 42
Lb

Lb 42
286

LETTRE

A

CERTAINS JOURNALISTES,

Par LOUIS BIENVENUE,

CITOYEN FRANÇAIS.

Autant il faut de soins, d'égards et de prudence,
Pour ne pas diffamer la timide innocence;
Autant il faut d'ardeur, d'inflexibilité,
Pour déférer un traître à la Société.

GRESSET, dans le Méchant.

A PARIS,

Chez les marchands de nouveautés.

BIBLIOTHEQUE ROYALE

10 févr. 1797.

LETTRE

A

CITOYENS JOURN...

...

CITOY EN FRANCOIS

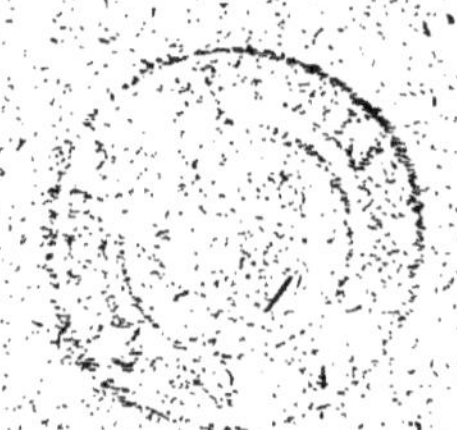

LETTRE

A

CERTAINS JOURNALISTES.

De Moncontour (département des Côtes-du-Nord) le 20 Ventôse, an 5.e de la République.

EN me hasardant, citoyens, à vous parler avec franchise, je m'expose à vos traits piquans. Je sais, comme tout le monde, combien vous êtes irascibles; et vos écrits m'ont convaincu que vous exigiez des égards qu'il vous était permis de n'avoir pour personne. Mais, citoyens, on vous craint peu, quand, ayant pour unique but la vérité et la patrie, on n'ambitionne ni crédit, ni places, ni réputation. Vous êtes, ou croyez être les suprêmes dispensateurs de toutes ces choses. A la bonne heure. Je ne viens point vous disputer un si beau droit, ou vous priver d'une illusion si douce. Ce n'est nullement de cela qu'il s'agit.

Ce qui contriste l'honnête homme, ce qui soulève contre vous tous les amis de la vertu, ce sont vos attaques indécentes contre un gouvernement fondé sur la puissance nationale ; c'est votre intention bien marquée, de rétablir un régime oppresseur ; c'est votre inconcevable haine pour une liberté dont vous n'êtes pas dignes, et qui ne pouvait être plus surement décriée, que par l'usage que vous en faites.

Dans ce flux journalier de diatribes et de calomnies, vous ne faites qu'user de la *liberté de la presse*. Voilà une étrange liberté ! Savez-vous, citoyens, qu'avec ce beau raisonnement et ses conséquences pratiques, vous ne différez en rien de ces mêmes *robespierristes*, contre lesquels pourtant vous jouez si bien l'indignation ? Ce rapprochement vous étonne ! mais, depuis fort long-tems, il n'étonne que vous.

Ils appellaient le peuple français *libre*, et ils le jettaient dans les fers ; vous appellez la nation *souveraine* : et lui dictez votre volonté : ils ne voulaient de lois que leurs passions ; vous n'en reconnaissez point d'autres : ils attribuaient à chaque section du peuple le droit de s'insurger, et faisaient le 31 mai ; vous déclarez aussi que

Paris est la république , et vous faites le 13 ven-
démiaire : *le peuple* était eux et leurs amis ; *la
nation* est vous et les vôtres : tout ce qu'ils
n'aimaient pas était perdu ; tout ce qui ne vous
plaît pas est flétri. S'ils ont commis des crimes
que vous ne faites que provoquer , c'est qu'ils
avaient l'autorité qu'heureusement vous n'avez
pas. Mais ce qui grave sur vos fronts un déshon-
neur inéfaçable , c'est que la plupart d'entre vous ,
soit perfidie , soit crainte , soit penchant naturel
aux folliculaires à se jetter du côté le plus fort ,
presque tous vous avez écrit en faveur de cet
affreux régime , et qu'il n'en est pas un qui ,
fesant dès-lors le métier qu'il fait à présent , et
connaissant la marche et les projets de l'odieuse
faction , n'ait donné des éloges à quelques-uns
des chefs.

Modérateurs superbes de l'opinion , quoi ! vous
savez ainsi plier la vôtre ! vrais caméléons ,
vrais protées , prenant à volonté , ou la couleur
du tems ou la forme des circonstances , l'on
vous voit , tour-à-tour , *cordeliers* , *feuillans* ,
jacobins , esclaves tremblans de Robespierre ,
valets insolens de Condé. D'après une variation si
manifeste , si publique , quelle confiance , dites-
moi , croyez vous pouvoir inspirer ? De tant de
rôles opposés , quel est celui qui vous est propre ?
Sous tant de masques différens , comment recon-
naître un visage ?

'Aujourd'hui qu'une constitution républicaine proscrit la royauté, vous vous déclarez royalistes. Vous montrez, cette fois, tant de sincérité, qu'il faut bien vous en croire. A la vérité, vous ne plaidez pas tous la même cause avec une égale effronterie ; mais vous tendez tous au même but, rien n'est plus évident.

Vous vous attachez tous, non pas à critiquer, mais à discréditer les actes du gouvernement, à avilir les personnes qui le composent, à insulter ou ridiculiser les représentans du peuple, à dénigrer tous les hommes en place, principalement ceux qui font leur devoir, à décrier les vrais républicains.

En suivant votre plan contre-révolutionnaire, vous vous épuisez en injures contre nos braves défenseurs ; vous atténuez, autant qu'il est en vous, vous niez ou vous dissimulez leurs brillantes victoires ; vous grossissez, vous multipliez même les inévitables revers que les chances de la guerre amènent, mais que leur valeur indomptable et le génie de la liberté ont rendu constament si rares. Tandis qu'ils exposent des *jours* et prodiguent un sang que ne *respectent* point vos pamphlets homicides, vous calomniez leurs amis, vous fomentez la haine des lâches que leur gloire humilie, vous effrayez leurs timides parens, et sur leur sort présent, et sur leur destinée future.

Ce n'est pas tout ; vous n'auriez point assez dégradé la république , si vous n'exaltiez ses ennemis ; attendu , selon vous , qu'on doit aux étrangers , bien plus de ménagemens qu'à ses compatriotes , vous n'oseriez vous permettre , contre eux , la plus innocente saillie. Au contraire , tout ce qu'ils font est bien , très-bien , le mieux du monde : ce sont des héros quand ils fuient , des Césars quand ils sont battus. Obtiennent-ils un faible succès ? c'en est fait de la république ; et cet avantage passager est rebattu pendant six mois : il est vrai qu'ils ont perdu l'Italie , cinq grosses armées et Mantoue ; mais ils ont pris le fort de Kelh et la tête du pont de Huningue. Nous avons conquis la Belgique , où règnent déjà nos lois , et dont les peuples sont nos frères ; mais l'Autriche , sans coup férir , a bien sa part de la Pologne , dont les peuples sont ses sujets. De quatorze ou quinze puissances , associées pour nous dévorer , dix ou douze ont conclu la paix , et quelques unes même des traités d'alliance : mais l'Autriche et l'Angleterre restent ; et quoique , par une fatalité vraiment inconcevable , l'une n'ait pu nous repousser , ni l'autre nous réduire , aidées de la ligue commune , elles ne laisseront pourtant pas de suffire toutes seules pour nous exterminer.

Voilà , bons citoyens , votre langage de chaque

jour ; tel est, à-peu-près, le tableau de vos fureurs périodiques : vous voyez qu'il n'est qu'é-
bauché.

J'y pourrais ajouter, sans le rendre parfait
encore, votre zèle hypocrite pour une religion
à laquelle vous ne croyez pas ; votre amour pour
des prêtres qui ont fait la Vendée, et qui,
vous le savez bien, tourmentent encore la république ; votre haine pour des ministres qui ont
obéi à ses lois, et qui ont bien autant que vous,
souffert dans la révolution ; votre affectation de
confondre à plaisir, avec les *terroristes*, qui
sont vos dignes auxiliaires, les plus vertueux
républicains ; votre opiniâtreté à renouveller sans
cesse cette odieuse imputation, que répètent avec
délices les imbéciles qui vous lisent et les traîtres
qui vous soudoient ; votre empressement à ac-
cueillir, à publier toute manœuvre, où des patriotes égarés peuvent se trouver compromis ;
votre impudence à nier toute conspiration ma-
chinée par des royalistes ; votre affection extrême
pour tous ces émigrés armés contre leur pays ;
mais dont les priviléges sont pour vous plus
sacrés, que les droits naturels de toute une
grande nation ; votre attention à détailler les
maux particuliers qui en tout tems affligent la
société la mieux régie, votre perfide adresse à
les attribuer à l'incurie du gouvernement, et

trop souvent votre génie à les inventer ; votre dédain pour les institutions et les formes républicaines ; vos efforts pour ressusciter les habitudes monarchiques ; votre idolâtrie pour ces hommes que la bassesse appelle grands, et qui ne voient plus dans les autres, ni leur prochain, ni leurs semblables ; votre application servile à prôner leurs moindres actions, à citer leurs moindres discours, à embellir leurs vices, à pallier leurs crimes, à louer les vertus que vous leur supposez, dans un style d'esclave, digne de Maroc ou d'Alger.

Cette malignité, ces fureurs, cette insolence, ces excès, vous nommez tout cela *liberté de la presse* ; et par une conséquence fort bien tirée, essayer de vous réprimer, serait attenter aux droits de l'homme.

S'il y avait chez vous, citoyens, plus d'ignorance que de mauvaise foi, l'on pourrait, en vous fesant voir la fausseté du principe, se flater de vous ramener à de meilleurs sentimens ; mais vous péchez par l'intention et par le cœur : presque toujours c'est un mal incurable. Que faire donc ? qu'espérer en pulvérisant de vaines subtilités que vous savez bien être telles ? vous faire rougir, s'il est possible, et vous rendre plus circonspects.

La pensée, considérée comme une opération

de l'esprit, est dans chaque homme, ce qu'il y a de plus indépendant des autres et de lui-même. Cette organisation que nous ne nous sommes point créée, livre continuellement notre ame aux impressions des objets extérieurs, et même à celles de notre propre corps, qui est aussi pour nous, une cause de sensations involontaires. La pensée, qui en est essentiellement le résultat, est donc un attribut nécessaire, une propriété, ou si l'on veut, une conséquence de notre nature : elle s'identifie avec nous, elle devient nous, elle est nous. Etre et sentir, sentir et penser, sont dans l'homme une seule et même chose. Ainsi, aimer, haïr, craindre, espérer, admettre, rejetter, croire et douter, ne dépendent pas plus de notre volonté, que de n'exister pas, que de n'être pas nous; et c'est, pour le dire en passant, ce qui prouve l'absurdité de toute espèce d'intolérance.

Mais, si nos sentimens, nos jugemens, nos pensées, sont à l'abri de toute inquisition par la nécessité qui nous enchaîne; cette pleine sécurité cesse, où la nécessité finit et où la liberté commence. L'homme, esclave par la sensation, devient libre par la raison qui détermine la volonté. Cette dernière puissance de son ame, fait la moralité de sa conduite; et la manière dont il en use, le rend innocent

ou coupable ; bon ou méchant ; utile ou dangereux.

Il est vrai que, jugé par d'autres hommes,
souvent pleins de caprices , de passions, de
préjugés , il peut recevoir des entraves dont la
raison murmure et dont la nature s'indigne. Il
est un moyen sûr, un seul moyen de l'y soustraire ; c'est qu'il ne puisse être jugé , que sur
des règles tirées de son intérêt personnel et de
l'utilité commune où son intérêt se confond.
Mais comment établir ces règles importantes ?
Comment , dans ce cahos des passions humaines,
saisir les élémens générateurs de l'ordre , et
fixer, autour d'eux , ce qui tend à la confusion ?
Cette question n'est un problème , que pour les
sociétés qui ont perdu de vue leur objet primitif.
Elle est résolue chez les peuples qui y sont
revenus ou ne s'en sont point écartés.

La liberté de penser, qui n'est que celle de
manifester sa pensée , découle évidement de
la liberté d'agir ; et la mesure de l'une et de
l'autre est nécessairement la même. C'est parce
que je puis agir , que j'ai droit de parler. Je
ne suis pas maître de mes actions , si je ne le
suis de mes paroles : le premier de ces avan-
tages , est médiocre sans le second ; il est illu-
soire , il est nul. Dans une société bien ordonnée,
les rapports de chacun à tous et de tous à chacun ;

sont différens, mais réciproques ; les obligations sont les mêmes. La sureté individuelle est garantie par l'intérêt et la protection de tous : la liberté de tous est garantie par l'intérêt plus vif et la surveillance de chacun. Mais cette surveillance particulière, a-t-elle même besoin de garantie. Elle la trouve dans le régulateur commun, *la constitution*, qui n'est pas le *pacte social*, comme on le dit souvent, mais qui détermine la manière dont les associés veulent remplir le but de l'association.

Si donc la liberté, la sureté, la propriété, en un mot, tous les droits de l'homme civil, ne lui sont assurés, qu'autant qu'il jouit de la faculté de les réclamer ou de les défendre, il est clair que cette faculté est encore un de ses droits. Mais s'ils ont des limites, elle en aura comme eux ; et puisqu'elle n'est que leur caution, ses bornes seront exactement les mêmes. Or, quelles sont-elles, les limites posées à la liberté d'agir ? Tout ce qui est défendu par les lois, c'est-à-dire, tout ce qui nuit aux autres ; car l'action des lois ne peut, ni rester en-deça, ni aller au-delà de ce terme.

La conséquence est rigoureuse quant à la liberté de la presse. J'ignore, citoyens, si vous la trouverez juste : mais, tout habitués que vous êtes à soutenir d'impertinens sophismes, vous n'oseriez surement pas dire qu'on a le droit de publier des choses, qu'on n'aurait pas celui de faire ; qu'on peut impunément déchirer la réputation d'un homme, à qui il ne serait pas permis de faire une égratignure ; et qu'on est excusable d'inspirer le mépris pour des lois, qu'on serait punissable de ne pas observer. Vous ne direz point ces sottises, elles sont trop grossières : seulement, vous prendrez le parti facile, mais pitoyable, de nier l'application. J'y comptais ; je vous y arrête.

Vous conviendrez, je crois, sans peine, qu'on fait un mal, un très-grand mal, en cherchant à détruire une constitution librement acceptée ; et vous sentirez parfaitement qu'on cherche à la détruire, quand on s'acharne à dégrader les pouvoirs qu'elle a établis, à décrier les hommes qui en sont revêtus, quand on jette continuellement la défaveur sur ceux qui l'aiment, et le mépris sur ceux qui la défendent. Vous demeurerez d'accord que dans une république, on est coupable et très-coupable, de provoquer, même indirectement, l'établissement de la royauté : et vous jugerez qu'on fait cette provocation criminelle, en insinuant que le gouvernement républicain ne convient point à un grand peuple, qui fut long-tems sujet d'un roi ; que la république, fondée dès la première année d'une révolution opérée par la France entière , n'est pourtant qu'une catastrophe amenée par les factions ; en plaidant avec feu , la cause de ceux qui ont juré sa perte , en les citant comme des modèles ; en lui attribuant les fureurs des scélérats qui la torturaient en son nom , et jusqu'aux crimes des brigands qui veulent la détruire. Vous avouerez que par toute terre , c'est une indignité de trahir sa patrie : et vous reconnaîtrez qu'on la trahit, en écrivant au goût de ses ennemis les plus ardens , en ternissant la gloire de ses guerriers , en se réjouissant de ses pertes , en s'affligeant de ses triomphes , en exaspérant les esprits , en les portant à la vengeance , en excitant la guerre civile.

Si vous m'accordez tout cela , citoyens , et les principes vous y obligent , vous prononcez vous-mêmes votre condamnation.

Je n'ignore pas que vous avez une ressource toute prête , à laquelle sûrement vous allez recourir ; car, *dieu merci* , vous n'en manquez jamais , et de quelque façon qu'on s'y prenne , vous trouverez toujours le secret d'avoir raison. Qu'on vous montre dans vos bulletins, une calomnie bien avérée : *nous répétons ce que l'on dit.* Que l'on vous interpelle sur des faits , au moins hasardés ; *nous transcrivons ce qu'on nous mande.* Qu'on vous marque son étonnement sur les progrès imaginaires d'un ennemi cent fois vaincu ; *nous copions des feuilles étrangères.* Misérable. diffuge ! ridicule grimace dont personne n'est dupe , et qui ne peut jamais excuser un délit.

Ce qui vous caractérise particulièrement , citoyens, c'est votre insigne mauvaise foi , c'est je ne sais quelle manière traîtresse de donner à toutes choses , la tournure la plus maligne et la plus propre à faire effet. Et ne dites pas, qu'à votre exemple , je calomnie vos intentions. Toutes vos pages attestent que vous faites le mal à dessein , et mentez à votre conscience.

Quand vous défigurez les discours des Représentans , les messages du directoire , les pétitions des citoyens ; quand vous vous bornez à citer ce qui est en votre faveur , et que vous ne dites rien de ce qui vous est contraire ; quand vous isolez les passages , chose , comme on sait , fort commode , pour faire déraisonner l'écrivain le plus sage , et peindre comme un monstre , l'auteur le mieux intentionné ; quand vous répandez de faux bruits , pour effrayer une partie du peuple et faire soulever l'autre ; quand , d'après vos passions et vos petites vues , vous parlez de projets du gouvernement , comme si vous aviez son secret ; quand vous lui en prêtez de ridicules ; quand , sur des faits dont il est , à - coup-sûr , mieux informé que vous , vous affirmez hardiment ce qu'il nie et niez hautement ce qu'il affirme ; quand ces détours ne sont propres qu'à vous , quand cela saute aux yeux , quand vos sectateurs même en rient ; peut-on passer pour téméraire , en vous taxant de mauvaise foi ?

Mais , il y a plus : vous poussez presque tous l'indécente ironie , jusqu'à vous proclamer les défenseurs de la constitution ; et , tout en lui portant les plus rudes coups , vous déclarez vouloir la garantir des plus faibles atteintes.

Là dessus je n'ai qu'un mot à dire. Si vous voulez la constitution , si elle vous est chère , tonnez donc contre les factieux , conjurés pour l'anéantir ; épiez , dévoilez , dénoncez leurs complots ; effrayez par vos cris , le royaliste armé contre elle ; faites pâlir ces émigrés que dévore la soif du sang , et qui osent porter leur rage au sein d'une patrie qu'ils n'ont plus ; arrachez le poignard des mains du fanatique , démasquez l'hypocrite qui pousse son bras égaré ; éclairez vos concitoyens sur leurs droits les plus précieux , sur leurs intérêts les plus chers : montrez , inspirez-leur la haine de la tyrannie ; apprenez-leur que traiter avec elle , c'est déjà recevoir son joug , et que tout est perdu , pour peu qu'on lui accorde. Si c'est là l'objet de vos veilles , si vous parlez ce généreux langage , s'il se voit dans tous vos écrits ; à ces traits , et à ces traits seuls, je vous reconnais patriotes, amis zélés et vrais de la constitution.

Je vous entends : vous vous rendez ses champions, quand vous voyez qu'on vous attaque; et vous sentez qu'on vous attaque, toutes les fois qu'on la défend. Alors, identifiant sa cause avec la vôtre, et détournant sur elle, une attention qu'il vous serait peut-être dangereux de fixer, vous criez à la violation, à l'attentat, au sacrilège, quand, pour la sauver de vos mains, on est forcé de recourir à des moyens qu'elle n'indique pas. Ce manège ne m'étonne point; mais je suis surpris, je l'avoue, qu'il trompe des personnes, d'ailleurs pleines de sens et, je crois, de bonne volonté. Un volume d'excellentes raisons, ne ferait rien sur vous qui suivez votre plan : une observation leur suffira.

Toute constitution politique est faite par des hommes ; c'est dire assez qu'elle ne peut, ni ne doit même être parfaite. Elle existe sans doute, dès qu'elle est écrite ou conçue ; mais elle n'existe qu'en projet, qu'en spéculation, comme la république de Platon, ou la paix de l'abbé de Saint-Pierre. Elle ne prend vie, elle n'a d'existence, que par son application à un gouvernement, et par son action sur un peuple. Voilà sa vraie pierre-de-touche. Si le gouvernement la viole, il y a oppression ; si les particuliers

BIBLIOTHÈQUE IMPÉRIALE IMPR.

l'enfreignent, il y a révolte. Dans ces deux cas, il faut punir, et punir très-sévèrement ; car le simple mépris de la loi fondamentale est le plus grand des attentats. Plus elle approchera de la perfection, plus elle en donnera les moyens ; on doit toujours, autant qu'on peut, tirer ces moyens d'elle-même. Mais enfin, il est très-possible qu'elle ne les fournisse pas toujours. Il l'est encore que ses ennemis s'y prennent assez adroitement, pour en blesser l'esprit, sans paraître en choquer la lettre ; et leur malice peut aller même jusqu'à tourner contre elle, ses propres dispositions. Que faire alors ? la sacrifier à ses principes ? Il serait bien absurde qu'ils n'eussent pas pour objet sa conservation. Les mesures extrêmes répugnent, j'en conviens, je le sens ; mais la ruine de l'ordre social répugne encore bien davantage. Il faut le sauver à tout prix ; c'est la suprême loi.

Cette opinion ne m'est point particulière. Elle est et fut, dans tous les tems, celle des amis de la justice et du bon ordre qui n'est que la justice en action. Voyez, entr'autres, ce que dit sur cela, un auteur justement célèbre, qu'on accusa jamais, ni d'exagération, ni de légèreté Montesquieu, dont l'autorité vaut bien celle d'un journaliste. « L'usage des peuples les plus libres, » dit-il, qui aient jamais été sur la terre, me

» fait

» fait croire qu'il y a des cas où il faut mettre,
» pour un moment, un voile sur la liberté,
» comme l'on cache les statues des dieux ».

Sans aller chercher mes exemples dans les républiques anciennes où ils se trouvent multipliés, j'en remarque un assez frapant chez un peuple voisin, dont vous parlez avec éloge, non parce qu'il a quelques bonnes lois, mais parce qu'il est notre ennemi. En Angleterre, l'acte *habeas corpus* est le vrai paladium de la liberté civile ; il fait nécessairement partie de la constitution, et les Anglais le regardent, avec raison, comme le complément de leur grande charte. Cependant, on a vu, et même depuis peu, les circonstances déterminer le parlement à le suspendre. Qu'il juge bien ou mal des motifs, qu'il précipite ou murisse son jugement, qu'il cède à l'impulsion d'un gouvernement corrupteur ou à la voix de l'incorruptible conscience, ce n'est pas ce dont il s'agit : il me suffit qu'il tienne pour maxime avouée, d'enfreindre la constitution plutôt que de la laisser périr.

Si j'appliquais ces principes généraux aux événemens de cette année, je prouverais facilement, que pour sauver la république des deux factions qui la désolent, et qui, contraires dans leurs moyens, se réunissent dans leur objet, le corps législatif a dû, je dis strictement dû,

B

prendre des mesures extraordinaires. Mais je me borne, et reviens à l'article qui vous touche le plus, à la liberté de la presse.

Sur ce point j'ai trop d'avantage ; car loin que notre constitution lui veuille donner une extension indéfinie, elle déclare positivement la circonscrire dans les bornes posées par la nature et l'intérêt de la société. Elle rend (art. 353) un écrivain responsable de ce qu'il a publié, dans les cas prévus par la loi. Il y a donc des cas à prévoir par la loi : or, nous sommes convenus qu'elle *devait* les prévoir *tous*. Elles va plus loin ; elle autorise même (355) les lois *prohibitives* en ce genre, quand *les circonstances* les rendent nécessaires. Voilà qui est clair, citoyens ; vous ne sauriez vous retrancher derrière la constitution. Comme il n'est pas moins clair aussi que vos fureurs sans frein ont amené des *circonstances* périlleuses ; tout autre que vous conviendra que la loi doit vous museler.

Et croiriez-vous qu'il fût déraisonnable, de vous appliquer ces paroles de l'article 356 ? « La » loi surveille particulièrement les professions » qui intéressent les mœurs publiques. » Il ne faut pour cela que prouver deux choses ; l'une, que la rédaction journalière de feuilles et de gazettes, est une profession ; l'autre, que cette profession intéresse les mœurs.

Assurément c'est un métier , et un métier fort lucratif, à ce que j'entends dire. Ceux qui le font , n'en ont point d'autre : ils ne pourraient suffire à deux comme celui-là. Autrefois un nouvelliste donnait une petite feuille en huit jours : on ne pouvait pas dire qu'il en fît son métier unique. Aujourd'hui ce n'est plus cela ; nos gazettiers sont de vrais *journalistes* ; tous les jours, plusieurs même deux fois par jour , écrivent , impriment et débitent ce qu'ils savent et ce qu'ils ne savent pas , ce qu'on leur mande , ce qu'on leur a dit , ce qui leur passe par la tête. Et c'est bien un commerce en règle : directeurs , trésoriers , commis, metteurs-en-œuvre , vente en gros , en détail, à l'année , au mois , à la feuille , tout l'atelier est monté à souhait. Eh ! que diriez-vous , citoyens qui ne voulez pas que votre métier soit un métier , à un commissaire de police qui vous demanderait quelle est votre profession ? Vous lui répondriez surement : *hommes de lettres.* Cela est fort beau , répartirait-il , mais bien vague : quels sont vos moyens d'exister ? quel est l'état qui vous fait vivre ? Vous seriez alors obligés d'avouer ce que vous niez aujourd'hui, et de répondre : *journalistes.*

De grace , citoyens , n'abusez plus des mots ; cessez de vous assimiler aux véritables gens de lettres , à ces hommes qu'on peut appeller les précepteurs du genre humain. Qu'y a-t-il , en

effet, de commun entre vous et eux? ils étu-
dient long-tems les hommes et les choses : vous
ne prenez pas la peine d'étudier ; ils méditent
profondément les grands objets de leurs études :
vous n'avez pas besoin de réfléchir ; ils tirent de
leur propre fond : et vous ne donnez rien du vôtre ;
ils ont quelquefois du génie : et vous manquez souvent d'esprit ; ils sont utiles : et vous êtes dangereux ; ils enseignent la vérité : et vous professez
le mensonge ; ils éclairent : et vous égarez ; ils
composent : et vous rédigez, ils burinent : et vous
crayonnez.

» Permettez-moi, citoyens, de vous conter une
» petite anecdote que vous trouverez bien ridicule,
» mais qui ne laisse pas de faire voir qu'on l'est un
» peu, quand on usurpe un titre respectable.
» N'allez pas vous choquer au moins, de l'*énorme*
» *disproportion* : cela s'entend *proportion gardée.*
» J'allais un jour de Paris à Versailles. Un in-
» connu qui me suivait, presse le pas, me joint,
» et nous allons de compagnie. Chemin fesant,
» nous causons, ou pour mieux dire, il parle. Il
» me vante son esprit, ses talens, son art, ses
» succès; il ne tarit point sur ses louanges. Je l'in-
» terromps enfin, curieux de savoir ce que c'est que
» le personnage. Peut-on, lui dis-je, vous deman-
» der quelle est votre profession? Je suis *homme de*
» *lettres*, me répondit-il gravement. Je le crus à

» sa mine, bien plus qu'à sa parole ; car il avait
» l'air très-mesquin. C'était un chanteur du
» Pont-Neuf. »

S'il peut vous paraître douteux, citoyens, que
le travail de votre plume soit un métier, vous
ne nierez, pas du moins, qu'il intéresse les mœurs
publiques. Les ravages qu'il y a causés, ne font
que trop sentir l'influence qu'il a sur elles. Quelques raisons d'ailleurs, bonnes ou mauvaises, que
vous donniez, pour vous soustraire à la surveillance des lois, celle-là suffit pour vous y assujettir
d'une manière particulière.

Au reste, il est des journalistes dont le patriotisme, l'exactitude et les talens font voir
que cette profession peut être honorable et utile.
Ce ne sera pas eux qui traiteront mes maximes
de *révolutionnaires*. Ils aiment l'ordre, les lois,
les mœurs, la république. Cette lettre n'est pas
pour eux.

La liberté de la presse, répétez-vous encore,
la liberté de la presse. Eh ! citoyens, qui vous
dit *non* ? qui ne sait, comme vous, et mieux
que vous peut-être, combien cette précieuse liberté assure la liberté publique dont elle fait partie ? Serait-ce l'entraver, que vouloir empêcher qu'elle dégénère en licence ? et qui ne voit
d'abord, que je plaide sa cause contre vous ?
Mais ce qu'il y a de remarquable, et ce qui prouve

bien la perversité d'intention , c'est que les hommes qui aujourd'hui la réclament avec plus de force , sont généralement ceux-là même qui regrettent le plus le régime qui la proscrit. Je ne sais quel effet cette observation a pu faire sur nos législateurs , auxquels surement elle n'a point échapé. Pour moi , si j'avais à statuer sur une semblable question , je n'en voudrais pas davantage.

D'après un système tout neuf sur cette liberté indéfinie , vous vous créez des titres magnifiques en vérité. Vous vous dites les organes de l'opinion publique ; vous vous érigez en censeurs , en magistrats indépendans , et vous ne connaissez de règles , que les boutades de votre esprit et les saillies de vos passions. Cela est vraiment fort commode ; mais cela va bien loin. Où avez-vous pris , dites-moi , l'exemple et les motifs de cette étrange autonomie ? Voyons toutefois ce qui en est , et ce qui en doit résulter.

D'abord , vous donnez , tout au plus , votre opinion , et l'opinion de ceux qui se font mettre dans vos feuilles. Mais , soyez-en bien convaincus , ce n'est point là l'opinion publique. A dieu ne plaise que cela soit jamais ! Le peuple qui penserait comme vous parlez , serait le plus méprisable des peuples.

Passons à l'examen de vos pouvoirs ; ils sont pris

dans les droits de l'homme. Je vous l'accorde ; bien entendu qu'ils respecteront ceux d'autrui : autrement ce ne serait plus les droits, mais les usurpations de l'homme.

Mais chacun a les mêmes droits ; ils sont assujétis aux lois de la justice et aux règles communes de la société ; ils ne peuvent donc jamais, quelque étendus qu'on les suppose, être nuisibles à la société. Nous avons déjà établi ces principes : plus on les discute, plus on les trouve lumineux. En effet, hors de là, on ne voit qu'erreur, incertitude, ruine, désordre, destruction. Grand dieu ! quel serait un empire où il y aurait une seule manière d'être, au-dessus de l'action des lois ! Le dernier citoyen qui pourrait s'y placer, à l'instant deviendrait le maître. Pour moi, je n'ai vu nulle part, si ce n'est dans la monarchie, cette effrayante monstruosité : encore, le prince y est-il au moins désigné par la loi, ou par la coutume ; au lieu qu'ici, l'inviolabilité appartient au premier venu. Dès lors, je n'apperçois ni terme ni remède au mal. Ce qu'un seul a pu faire, cent autres le pourront comme lui ; et mille fainéans le voudront, pour peu qu'ils sachent lire et écrire. Voilà bien, ce me semble, l'anarchie la plus complette que l'on puisse imaginer.

Les Grecs et les Romains, dont les noms se

présentent d'eux mêmes quand on parle de république, et qui se connaissaient en liberté, pour le moins, aussi bien que vous, ces anciens peuples ne s'avisèrent jamais d'étendre jusques-là les droits de citoyen. Ils ne connurent point le bel art de l'imprimerie; mais, quand ils auraient eu ce magique secret de communiquer la pensée, croyez-vous qu'ils eussent toléré l'abus que vous en faites, et qu'ils eussent pardonné plus à l'écrit permanent, qu'à la parole fugitive? Vous figurez-vous qu'ils eussent admis cette bisarre profession, où des hommes privés, recevant leur mission d'eux mêmes, se font une magistrature supérieure à celles de l'état? S'ils avaient, une seule fois, commis cette lourde bévue, ils auraient jetté moins d'éclat, que la plus vile des nations qu'ils subjuguèrent.

La liberté de penser en matières politiques, fut chez eux portée aussi loin qu'elle peut l'être dans un état républicain. Mais elle servait à entretenir l'amour de la chose publique, à fixer tous les yeux sur ses vrais intérêts : jamais un citoyen, petit ou grand, ne l'employa contre la gloire ou le bonheur de son pays. Quel Romain eût osé dire un mot en faveur d'Annibal ou de Mithridate? quel Grec eût avili Léonidas et Thémistocle, par les louanges de Xerxès? Ce grand peuple Romain, dans ses agitations fréquentes, souvent conduit, quelquefois égaré par ses tribuns, mais toujours digne de ses destinées, ne proposa et ne souffrit jamais la moindre lâcheté. Ces étonnans Spartiates, enfans d'un rigoureux devoir et d'une austère discipline, bien loin de se permettre le plus léger écart, ne parlaient qu'avec une vénération profonde, de leurs institutions dont il s'entretenaient sans cesse, et pensaient, avec justice, que le respect des magistrats était inséparable du respect des lois. Ces Athéniens eux-mêmes, peuple spirituel et brouillon, connu par sa malignité, qui chassait Aristide, empoisonnait Socrate, et prodiguait à ses bouffons les deniers du trésor public, ces Athéniens pourtant honoraient leur patrie, l'aimaient sincèrement, et auraient vomi de leur sein, exterminé peut-être le lâche qui l'eût dégradée.

Allégueriez-vous, pour exemple, ce *parti d'opposition* qui jette en Angleterre d'éternelles et vaines clameurs? Quelle différence de vous à lui! Ce parti, qui a aussi ses fourbes et ses dupes, réclame pour la liberté, pour les lois qui la favorisent, contre les hommes qui la gênent, entretient l'orgueil national, et n'aime pas plus l'étranger que ce tortueux ministère qui abuse le peuple qu'il vexe, et tourmente les nations qu'il n'abuse pas.

C'en est assez ; j'en ai même trop dit contre un sophisme ridicule. Quel homme, pour peu qu'il ait de sens, ne distingue pas tout d'un coup, l'excès de la modération, l'usage de l'abus, la liberté de la licence ?

Le motif principal que vous alléguez, citoyens, pour justifier votre mauvaise humeur, le prétexte bannal des plus effrénés royalistes, c'est la crainte de voir reparaître ces tems calamiteux, que tous les bons Français voudraient pouvoir dérober à l'histoire. Ce fut sans doute une chose monstrueuse, non pas dans son principe, mais dans son mode, que ce gouvernement qui prétendait conduire les hommes à la liberté par la licence, et qui les menait à la mort. Mais il y a cela de remarquable aujourd'hui, que les individus qu'il a frapés le plus injustement, ne sont pas ceux qui crient le plus haut contre ses violences. Que dis-je ? dans cette foule empressée à le servir et à lui plaire, on en voit d'assez lâches pour flatter bassement *l'aristocratie* qui les accueille et les méprise, pour calomnier les républicains qui les méprisent et les abhorrent, pour donner aux patriotes purs, des qualifications qu'ils ont seuls méritées. Ces êtres, dont l'impunité semble accuser la providence, inaccessibles à la honte, endurcis contre les remords, lèvent insolemment leurs fronts couverts d'opprobre, outragent la raison , insultent à la liberté , désignent la vertu aux poignards des brigands , et n'ont quitté le bonnet rouge que pour prendre la cocarde blanche.

Vous dites , citoyens , que vous voulez empêcher le retour de l'*anarchie*. S'il était vrai, au lieu de réveiller des souvenirs cuisans , qui la rendent toujours présente, et servent d'aliment aux haines , aux vengeances, aux fureurs de tous les partis , vous inviteriez les Français à cette réunion douce et franche, abri sûr et paisible contre des malheurs passagers. Vous voulez empêcher le retour de l'anarchie; et vous la provoquez ! Qu'est-ce , en effet, que l'anarchie , sinon le désordre causé par l'absence des lois? Et quel moyen plus sûr d'anéantir les lois , que de leur enlever la confiance et le respect dont elles tirent toute leur force ? Vous déclamez contre l'anarchie ; mais l'on sait quel est votre but et celui de tous vos suivans : vous voudriez faire croire qu'elle est comme inhérente à la république; tandis que la république est précisément ce qu'il y a de plus opposé à l'anarchie. Vous vous battez les flancs pour jetter , sur les républicains , tout l'odieux de ces monstres, qui en usurpaient le beau nom ; et les républicains , contre lesquels ils dirigeaient leurs coups qu'ils ont essayé d'avilir , qu'ils vous ont donné lieu d'opprimer et calomnier , sont , plus sincèrement que vous , leurs ennemis irréconciliables. Enfin , vous vous armez fièrement contre l'anarchie qui n'est plus ; et pendant le règne des factieux qui l'excitaient et l'entretenaient, le plus hardi de vous , courbait la tête et gardait le silence. Courageux écrivains , qui montrez tant d'audace contre un gouvernement qui vous protège , pourquoi fûtes vous si rampans sous une autorité qui vous vexait ? La résistance alors eût été généreuse , utile ; mais elle eût été périlleuse , et vous n'aimez pas les dangers.

Les malheurs qu'enfanta *le terrorisme* dont vous parlez sans cesse , et la longue oppression de la monarchie dont vous ne parlez jamais , également insupportable , à qui connaît sa dignité , sont les plus terribles fléaux qui puissent fraper l'espèce humaine. Mais comment ne voyez-vous pas, vous professeurs de politique , que les maux de ces deux époques avaient une cause commune, le défaut de Constitution ?

C'est parce que nous n'avions point de Constitution, que Louis XIV ordonnait , le fouet à la main, l'enrégistrement de ses édits, et que Robespierre intimait ses ordres aux comités révolutionnaires : que Louis XVI tenait une séance royale au milieu des représentans du

peuple, et que Saint-Just dictait ses volontés
à la convention nationale. C'est parce que nous
n'avions point de constitution, qu'envain les
parlemens disputaient au monarque ses usurpations, et que le peuple inutilement demandait
à deux comités, le libre exercice de ses droits :
que ces fiers parlemens se disaient la nation
entière, et qu'une populace imbécille se croyait
le peuple Français : c'est parce que nous n'avions
point de constitution, qu'un prince fesait pendre
quiconque lui résistait, et qu'un représentant
fesait guillotiner quiconque le gênait : qu'un
commis ouvrait la Bastille, et un *sans-culotte*
les maisons d'arrêt : qu'un intendant vexait et
ruinait les provinces, et qu'un proconsul en
mission ravageait les départemens. C'est parce
que nous n'avions point de constitution, que le
pauvre autrefois était à la merci du riche qui
le dépouillait et l'humiliait, et que tout ré-
cement le riche s'est vû la proie du pauvre qui
le pillait et l'insultait. O ! qu'on est disposé à
recevoir des lois où tant de maux trouvent un
terme ! qu'on est porté à les aimer, déterminé
à les défendre, résolu de les maintenir !

Nous l'avons enfin, cette constitution deman-
dée par le besoin, dictée par la philosophie. Elle
n'est pas parfaite sans doute : quel ouvrage
humain le peut-être ? mais elle est précise, elle

est sage ; elle donne aux Français tous les droits qu'ils peuvent exercer sur leur immense territoire ; elle établit l'autorité, non des hommes qui en abusent, mais des lois qui préviennent l'abus ; elle ouvre aux vertus, aux talens, une vaste et brillante carrière ; elle promet au peuple qui s'en montrera digne, la gloire et la prospérité. Que vous êtes coupables, vous qui voulez tromper de si douces espérances, et vous êtes aveugles, de vous y refuser !

Vous désirez la monarchie : je n'examine point ce que vous croiriez y gagner ; car, quelque fou que soit un vœu, on ne le fait point sans intérêt. Mais vous la voulez toute entière : jamais on n'en forma de plus atroce. Pensez-vous, de bonne foi, que vous ayez assez corrompu l'opinion publique, pour persuader à une grande nation, qu'il lui vaut mieux être esclave que libre, avoir des maîtres que des égaux, se résigner toujours que vouloir quelquefois, n'être rien qu'être quelque chose ?

Eh ! quoi, messieurs ? un roi qui puisse tout ce qu'il voudra et ne soit comptable qu'à Dieu ; des princes méchans ou incapables, qui se succèdent de plein droit, dans la propriété de vingt-cinq millions d'hommes ; des ministres qui abusent le monarque et pressurent le peuple, des commis qui fassent fortune, des femmes qui bouleversent l'état , des prêtres qui mènent les femmes , des grands seigneurs qui envahissent tout , des petits seigneurs qui se croient tout permis , des officiers par droit de naissance , des magistrats à prix d'argent , des mouchards qui dénoncent , des parlemens qui pendent , des intendans qui volent , des prélats orgueilleux , des abbés damerets , des moines fainéans , des maltotiers avides ! Voilà donc, sans restriction , ce que vous préférez à un ordre de chose où vous trouveriez le bonheur , si votre cœur plus sain était capable de le goûter ?

Et vous osez l'espérer , le vouloir , chez des Européens , chez des Français , à la veille du dix-neuvième siècle ! Non , lâches insensés , non , vos rêves impies ne se réaliseront pas. Jamais , jamais aucune tyrannie ne pèsera sur la France. J'en jure par ce peuple dont l'effort unanime a renversé l'antique idole , et dont la constance héroïque a tout sacrifié , tout souffert , pour acquérir la liberté ; par ces intrépides guerriers , qui ont dompté l'Europe entière , et forcent à l'admiration , l'ennemi même qu'ils ont vaincu ; par le sang des héros , qui au prix de leur vie , ont acheté tant de victoires ; par tous ces pères de famille , que le bonheur public touche par tant de points , et qui dans leurs enfans cheris , n'élèvent point des hommes pour une abjecte servitude ; par les lumières de notre âge , dont les bastilles ni les bûchers ne peuvent arrêter l'essor , et que l'erreur et l'imposture s'efforcent vainement d'obscurcir. Ah ! plutôt que le nom français subît une telle ignominie , ce bel empire tout entier croulerait sur ses fondemens , et dans ce désastre effroyable , le dernier de ses citoyens ensévelirait , sous ses ruines , le dernier de ses ennemis !

Tâchons de contenir notre indignation qui s'exhale , et voyons quels motifs , plus ou moins apparens , vous portent à former ce désir monstrueux.

Peut-être , pleins encore de ce préjugé déplorable qui fait admirer au vulgaire ce qui est au-dessus de lui , accoutumés à croire qu'un petit nombre d'hommes naît supérieur à tous les autres , et vous imaginant que ces êtres privilégiés ont aussi la prérogative d'être doués d'un plus beau génie , d'une plus grande ame et de plus de vertus ; vous voyez en eux les maîtres du monde , et ne trouvez , dans l'autorité qu'ils n'ont pas , qu'une usurpation criminelle. Citoyens , serait-il possible que cette vieille absurdité , reconnue telle depuis qu'il y a des maîtres et des esclaves , fût le principe de vos écrits ? Si l'histoire de tous les tems et de tous les pays, ne l'a point prouvée à vos yeux, jettez-les, jettez-les , du moins , sur ce qui s'est passé depuis notre révolution , voyez les hommes dont elle a détruit le pouvoir , et jugez.

Il est une certaine grandeur qui étonne , qui frape , qu'on admire malgré soi dans son plus mortel ennemi. Lorsqu'un usurpateur en offre l'imposante image , c'en est fait de la liberté. Il éblouit, il séduit , il attire , et le peuple qui se prosterne , est d'autant plus assujetti , qu'en se ployant au joug d'un homme , il croit ne céder en effet qu'à l'empire de la vertu. Heureusement pour nous , aucun de nos anciens tyrans ne nous a présenté ce vain mais dangéreux prestige ; et les efforts de leurs amis ne sauraient leur prêter un charme qu'ils n'ont pas.

Quand , vers le milieu de ce siècle , le fils du prétendant au trône d'Angleterre , voulut reconquérir ce trône dont il se croyait déshérité , son activité , son audace à la tête d'une petite armée , sa modération après la victoire , ses égards pour des prisonniers qui , dans son opinion , n'étaient que des rebelles , ses revers , ses succès , ses malheurs , son courage , durent toucher la nation même dont la volonté le repoussait ; et les Anglais , admirateurs de cette magnanimité que n'exclut pas toujours une tentative coupable , les Anglais qui le poursuivaient et qui mettaient sa tête à prix , du moins ne le méprisaient pas. Mais , quand le prétendant à la couronne de France , prenant fastueusement le nom de Louis XVIII , se comparant à Henri IV dont il n'a que le frivole honneur d'être issu , s'éloigne de tous les dangers , s'en va errant de ville en ville , et conspirateur subalterne , aiguise en secret les poignard des furieux qui , dans l'intérieur , égorgent et pillent en son nom ; lorsqu'également incapable de vivre en sage et de régner , il n'a ni l'héroïsme de renoncer franchement à ses prétentions chimériques , ni le courage moins difficile d'être le chef de son parti ; inutilement quelques plumes serviles , quelques voix achetées osent plaider en sa faveur ; le mépris général , celui de ses partisans même , prononce énergiquement sa dégradation éternelle ; et certes , si la France pouvait se donner un maître , ce ne serait point un homme lâche et déshonoré.

Ne pouvant nier ouvertement l'imprescriptible droit du peuple à s'affranchir de l'esclavage, vous osez révoquer en doute qu'il ait voulu la république. Je pourrais me borner , pour répondre à cela , à vous citer l'acceptation libre et presque unanime de la constitution républicaine ; mais je veux bien remonter plus haut.

Avez-vous oublié , citoyens , cet élan de tous

les Français contre la tyrannie ? ces vœux, ces cris, cette insurrection pour une entière liberté ? ne vous souvient-il plus de cette grande et première assemblée, qui força les usurpateurs à recevoir de justes lois ? Les privilèges abolis, la noblesse détruite, un corps législatif perpétuel et renouvellé, tous les emplois publics à la nomination du peuple, les assemblées du peuple, périodiques et de plein droit, les fonctionnaires responsables, les cultes libres, les jurés établis, tous ces grands changemens, voulus et applaudis de la nation entière, faisaient réellement dès-lors, de la France une république à qui il n'en manquait que le nom ; et le fantôme de roi héréditaire que l'on avoit conservé, n'était plus qu'une inconséquence.

La république ! La convention la proclama ; la constituante l'avoit fondée. Certes, il y avait moins loin de la constitution de 91 à celle de l'an 3, que de l'ancien ordre de choses à la constitution de 91. La seule déclaration des droits avait irrévocablement posé les bases de notre république.

Le trône insignifiant ne tenait plus à rien. Il aurait pu se maintenir quelque tems, par la confiance dans les intentions et les qualités personnelles du monarque. Mais qui eût été assez aveugle alors, ou aurait assez d'impudeur aujourd'hui, pour soutenir que l'administration de ce prince dût ne pas inspirer les plus vives allarmes.

Les soupçons ne tardèrent point à se changer en certitude. La fuite de Louis à Varennes, ou plutôt chez nos ennemis, avoit déjà manifesté sa résistance à la volonté nationale. Et chacun peut se rapeller que si, dans ce moment, la constituante eût brisé le sceptre, elle n'eût fait que remplir nos vœux. Sa faiblesse ou sa politique a peut-être fait tous nos maux. Si, plus courageuse ou plus sage, elle eût achevé sa facile conquête, moins de malheurs auraient accablé ce vaste Empire, moins de forfaits l'auraient souillé, les factions, plutôt comprimées, n'auraient pas déchiré son sein, le royalisme audacieux et redouté, ne serait qu'un petit parti ridicule, et Pitt et ses brigands, n'auraient point de journaux à solder.

Mais Louis XVI fut rétabli, et les défiances augmentèrent. Il sembla prendre à tâche de les entretenir. L'embarras de sa conduite publique, le mystère de sa vie privée, la protection qu'il accordait ouvertement à tout ce qu'il connaissait ennemi de l'égalité; les personnages de sa cour, leurs intrigues, leurs mouvemens, ses actions, ses propos, ses parjures, tout prouvait aux Français, qu'un fonctionnaire qui se croit maître, c'est-à-dire, qu'un roi, était incompatible avec la liberté. Ils invoquèrent la république, non telle que certains démagogues, aussi stupides que furieux, l'avaient imaginée, mais telle que la raison l'ordonne, telle que notre situation la permet, telle que nos relations la conseillent, telle enfin que nous l'a donnée la constitution de l'an 3 ; ils l'appellèrent, ils la voulurent, ils l'avaient commandée, et le jour heureux du 10 août fut le jour de tous les Français.

Que quelques factieux s'y soient mêlés, qu'ils aient cherché et même réussi momentanément à en faire leur profit, il n'y a là rien d'étonnant pour qui connaît le cœur humain et le train ordinaire des choses. Cela fait voir seulement, non que le peuple n'a pas fait cette grande révolution, mais que des intrigans ont recueilli les premiers fruits de la révolution opérée par le peuple ; comme vos pamphlets journaliers prouvent, non que le Français ne veut pas la constitution qu'il s'est donnée, mais que, cherchant à l'égarer, vous êtes en révolte contre sa constitution.

La volonté d'un peuple, la volonté générale est toujours pure, toujours droite, essentiellement juste. Voilà les signes certains auxquels on la reconnaît. Et la justice n'est point une chose arbitraire : c'est un rapport constant de l'homme à l'homme , de l'individu à l'espèce , de l'espèce à l'individu. Chaque homme isolément , trompé sur ses vrais intérêts , peut , en s'imaginant la suivre , enfreindre cette loi première : un peuple tout entier n'est point sujet à cette erreur. Chacun alors , seul contre tous , sent malgré lui qu'il ne saurait trouver que dans le bien-être commun, son avantage particulier. Ce bien général et commun est donc nécessairement l'égalité de droits , c'est-à-dire , l'étroite justice ; car nul ne veut céder qu'à charge du retour , et s'il se fait des sacrifices , ils sont , de tous côtés , mutuels et de pareille nature ; ce qui est pour tous la même chose , que si personne n'en eût fait.

Si donc on vient me dire qu'un peuple veut un maître et des privilégiés , je répondrai hardiment , non , il ne le veut pas : des ambitieux adroits , égoïstes , puissans par leurs richesses ou leurs intrigues , lui fascinent les yeux , lui font voir son propre intérêt dans leurs seules prérogatives. Ils l'ont réduit , en isolant ses membres , à l'état de ces infortunés , en qui la loi civile ne reconnaît pas même la faculté de vouloir ; il exprime leur volonté ; mais ce n'est point la sienne , il n'en a plus.

Mais n'y a-t-il aucune liberté sous le gouvernement royal ? se trouve-t-elle toujours entière au sein des républiques ? Ces deux questions que j'entends faire, quelque solution qu'on en donne, sont indifférentes pour nous. Je me bornerai donc à observer sur la première, que, quelque tempérée que soit l'autorité d'un roi *héréditaire*, ou même simplement *à vie*, elle est toujours, en certains cas, plus forte que celle des lois : et je répondrai sur la seconde, qu'une république proprement dite, étant une société où l'administration est la *chose commune*, bien que remise en peu de mains, la liberté politique et civile n'existe pas, à beaucoup près, dans toute association apellée république.

La vraie question ici, la seule qui nous importe, est de savoir si nos lois actuelles assurent mieux nos droits, que ne faisait l'ordre de choses qu'elles ont détruit et remplacé, et si elles nous rendent des droits, dont ce régime nous frustrait. Or, cette question n'est un problême que chez les femmes, et dans les journaux.

Il n'y a ni liberté, ni sûreté dans un empire où les chefs sont tout, et où par conséquent, les peuples ne sont rien, où l'administrateur ne doit compte à personne, où quoi qu'il fasse, on lui doit obéir, ou quelques attentats qu'il ose, il n'outre passe point ses droits, où il est le maître des lois qui ne sont que sa volonté. C'est le pur despotisme ; c'était naguères notre gouvernement ; je crois assés l'avoir prouvé.

Il peut arriver cependant que, dans une telle constitution, le sujet ait des jours moins sombres, et même quelques jours sereins ; mais c'est contre l'esprit de la constitution. Ces courts momens d'une moindre misère, ne sont l'effet que du hasard, qui, à de très-longs intervalles, donne des princes vertueux. Eh ! quel système politique, que celui où le bonheur commun dépend des qualités d'un homme. En supposant ce qui est le moins supposable, qu'un de ces monarques si rares ait surmonté l'obstacle irré-sistible de l'éducation, de l'orgueil, des pré-jugés, de la flatterie ; qu'il puisse tout voir par lui-même, et qu'il ait toujours des mi-nistres dignes de lui ; lesquels n'emploient que des agens dignes d'eux ; que s'ensuit-il pour la nation qui le possède ? Elle est heureuse sous son règne. Mais il passe ; et durant des siècles, elle est le jouet ou la victime de princes faibles ou méchans.

Faut-il s'arrêter à prouver que la constitu-tion française vaut mieux qu'un tel gouverne-ment ? Si elle n'étoit que moins mauvaise, ce n'aurait pas été la peine de faire une révolution.

Non , je ne l'avilirai point par cet étrange parallèle. Entre le droit d'obtenir les emplois que l'on est capable de gérer , et le privilége d'être placé uniquement parce qu'on est noble ou riche ; entre l'obligation de mériter par des vertus la confiance du peuple , et la nécessité d'acheter par des bassesses la protection des grands ; entre l'avantage d'être gouverné , administré , jugé par ses égaux que l'on peut espérer de gouverner , d'administrer , de juger à son tour , et le malheur d'être conduit , mené , condamné par des maîtres qu'on ne peut se flatter de conduire , de mener , de condamner jamais ; entre un monarque héréditaire , ignorant ou inapliqué , dont les caprices sont la règle , et des directeurs temporaires , exercés au gouvernement et dont les lois sont la boussole , entre des édits qui commandent par la *pleine puissance* d'un seul , et les décrets de deux conseils , organes de la volonté nationale ; entre ces choses et plusieurs autres qu'il est superflu de nombrer , l'opposition est si frappante , qu'on ne peut vouloir les comparer , sans outrager le sens commun.

D'après ces réflexions , dont vous aviez besoin peut-être , je vous le demande , citoyens , qui de vous ou de moi , veut plus sincèrement le bonheur de ses compatriotes ; de vous , dis-je , qui voulez en faire des *sujets*, ou de moi qui désire qu'ils soient et demeurent *citoyens* ?

Cependant, vos perfides écrits troublent les uns, découragent les autres, en égarent plusieurs. L'homme crédule et pusillanime, qui n'imagine pas qu'on puisse mentir avec tant d'impudence, s'allarme en vous lisant, et regarde comme un vain songe, les jours évanouis de sa pénible liberté. Il regrette ses sacrifices, déplore son aveuglement, s'effraye de son sort à venir, et, dans la consternation où le jettent vos impostures, dit en pleurant : j'ai tout perdu !

Insensé, tu as tout perdu ! Eh, tu retrouves une patrie. Sous des maîtres tu n'étais rien, avec des frères tu es tout ; tu dépendais d'une foule d'hommes esclaves eux-mêmes de plusieurs autres ; tu ne dépends plus que des lois qui rangent tout sous leur niveau : on te permettait d'exister, et on honorera ta vie : tes enfans, qui eussent hérité des humiliations de leurs pères, tes enfans qui te sont si chers, peuvent avoir impunément des vertus qu'on respectera, des talens qui leur serviront. Calme donc tes frayeurs, rougis de ta faiblesse, essuye des pleurs dont la patrie s'offense, et connais aujourd'hui à quels fourbes tu t'es livré. Ah ! vois plutôt ces guerriers indomptables, marquant leurs pas par leurs victoires , et portant leur gloire immortelle , avec le nom de la république , aux extrémités de l'univers. Contemple ce gouvernement , dont l'attitude fière est respectée même des rois , et de qui le puissant génie dissipe à-la-fois les factions , commence le bonheur public , et prépare une paix glorieuse. Regarde ces représentans , qui , jaloux de justifier un choix qui les honore , s'appliquent sans relâche à affermir notre constitution. Ose porter plus loin tes regards : vois , dans un avenir qui n'est plus éloigné , la république française , appuyée sur deux grandes puissances , (sur les armes et sur la raison , fixer le bonheur dans son sein ; perfectionner l'auguste agriculture , faire fleurir les arts , les sciences , le commerce , donner des lois aux superbes monarques , éclairer toutes les nations. Ouvre ton ame à un espoir si doux , et crois-moi , il est mieux fondé que la crainte de la monarchie.

Quoi que l'on puisse dire , objecter , prouver , démontrer , vous voulez l'ancien régime , citoyens : vous l'avez avancé , et ne fût-ce que par point d'honneur , vous ne vous en dédirez pas. Mais y avez-vous bien pensé ? songez-vous que de votre part , c'est un désir bien indiscret ? Prenez-y garde , la contre-révolution serait le grand jour du jugement : on examinerait

jusqu'à vos plus secrètes pensées. Je vous en-
gage vivement à faire vous-mêmes cet examen,
avant de risquer un pas de plus.

Lorsque les Français, fatigués d'une longue
servitude, eurent jetté le premier cri du déses-
poir, les indifférens même, s'il y en eût, se
sentirent échauffés du commun enthousiasme;
et tant que la nation, conservant le ressenti-
ment de ses maux, fut libre de le faire éclater,
tel aujourd'hui qui se déshonore par une lâche
désertion, fut peut-être le plus ardent contre
les abus qu'il regrete. Cette vive chaleur était
bien naturelle dans un peuple opprimé qui allait
cesser de l'être. Qu'il serait méprisable et vil,
l'homme à qui l'idée seule de recouvrer ses droits,
n'eût pas fait palpiter le cœur! Non, malgré
vos efforts pour ramener le despotisme, je
ne croirai jamais qu'aucun de vous soit cet
homme là.

Mais, citoyens, encore une fois, soyez for-
tement convaincus que vos écrits, vos actions,
vos paroles, vos pensées, de quelque datte que
ce fût, seraient mises dans la balance par l'im-
placable royauté, et que votre style d'à-présent,
regardé comme l'effet de la vengeance ou de la
peur, ne vous serait compté pour rien. Con-
cluez-en, pour le seul intérêt auquel vous pa-
raissiez sensibles, je veux dire le vôtre, qu'il

(47)

n'y a point pour vous d'abri plus sur que notre république.

Toutefois, je veux bien supposer l'impossible; car il faut, au moins en idée, vous faire jouir de votre chimère. Je suppose donc votre Louis XVIII rentré dans *tous ses droits*, et votre monarchie rétablie dans *toute sa splendeur*. J'admets encore, qu'en faveur des loyaux services que vous avez rendus sur la fin de cette *maudite révolution*, l'on vous pardonne ce que, dans le principe, vous pouvez avoir fait pour elle; voyons un peu quel avantage vous allez en retirer.

D'abord, vous êtes au comble de la joie. Des rivaux à humilier, des vengeances à exercer, des talens à persécuter, des hommes vertueux à proscrire, quelle douceur ! Eh vîte, et vîte, profitons du moment, l'occasion est belle:

» Nous n'aurons pas tel plaisir tous les jours ».

effectivement, vous mettez à profit l'heureuse circonstance. Comme vous ne pouvez mériter votre grace, qu'à force de méchancetés, vous ne negligez rien pour vous en rendre dignes. Satires, espionages, délations, calomnies; jamais vous n'eûtes tant de verve, jamais votre génie ne parut plus actif. Rien ne vous fuit, rien ne vous échape; vos listes sont toutes faites, et vous les enflez tous les soirs. Malheur à tout Français que vous soupçonnez de patriotisme ! ce sera un *jacobin* : n'en eût-il jamais montré l'apparence ; n'importe, il est suspect, c'est un homme perdu. Vous inventez, écrivez, accusez à tort et à travers, pour vous satisfaire d'abord, puis pour faire la cour à vos maîtres ; et tandis que de toutes parts, on pend, on roue, on assassine, vous élevez jusques aux nues, *la clémence du meilleur des rois.*

Cela va bien pendant quelque tems ; mais enfin toutes choses ont leur terme. D'ailleurs, vous êtes témoins de quelques scènes désagréables qui ne laissent pas de vous inquiéter. Vous voyez assez fréquemment rechercher et punir des personnages dans le cas où vous êtes : le peu qu'ils avaient fait pour la révolution, n'est point assez lavé par tout ce qu'ils ont fait contre. Voilà qui vous donne à songer, et vous tremblez à votre tour. Pour conjurer l'orage, ou du moins pour le détourner, vous changez peu-à-peu de style : vous vantez l'indulgence, la générosité : vous prouvez fort éloquemment qu'il est beau de régner par la clémence et les bienfaits ; que tant d'infortunés, égarés un moment, sont au fond des *sujets fidèles* ; et que l'humanité gémissante crie au cœur du roi, *c'en est trop* ! Malheureusement, ces belles phrases déplaisent : on croit y voir *une teinte de républicanisme.* Un ministre, un commis, un lieutenant-de-police, mande l'auteur qui ne s'y attend pas.

« Que signifie ce tas d'impertinences dont vous
» remplissez vos feuilles ? — Quoi ! s'y trouverait-il
» quelque chose qui put déplaire à monseigneur ?
» — Misérable ! à qui on fait grace en ne le pen-
» dant pas. — Monseigneur, j'en sens tout le
» prix ; aussi fais-je tout mon possible pour mé-
» riter tant de bontés. — Savez-vous que je
» vous ferai châtier d'importance ? — Monsei-
» gneur, vous êtes le maître : mais oserai-je vous
» demander ce que j'ai fait de criminel ? — Com-
» ment, ce que vous avez fait ? Avoir l'in-
» solence de critiquer les actes de la plus par-
» faite justice ! vouloir apitoyer sur une foule
» de scélérats dont le plus innocent est digne
» de mort ? — Ah ! monseigneur, si j'ai parlé
» pour eux, c'est que je ne les crois qu'égarés ;
» je l'ai dit. — Egarés, égarés ! me
» croyez-vous dupe des mots ? apprenez, mon-
» sieur le docteur, qu'un tel égarement est
» un crime que nous ne pardonnons jamais. Et
» cet air audacieux de donner des leçons à vos
» maîtres, de tracer à votre roi la conduite qu'il
» doit tenir ! — Moi, monseigneur ! Je n'eus
» jamais tant de témérité. Je sais qu'un roi est
» l'image de Dieu, et qu'il nous fait une

» faveur insigne en ne dédaignant pas nos très-
» humbles remontrances. — Remontrances ! le
» mot est leste : supplications , l'ami , supplica-
» tions. Mais je vois ce que c'est : certains restes
» de cette belle démagogie..... — Ciel ! moi qui
» ai tant travaillé à faire haïr la république , et
» qui me peus flatter d'y avoir réussi ; monsei-
» gneur pourrait-il soupçonner....? — Oui , l'on
» sait à quoi s'en tenir ; vous êtes une bande
» de fripons qui vous mettez à l'enchère.... —
» Monseigneur connaît les hommes ; cepen-
» dant.... — J'y mettrai bon ordre. Tous ces
» journaux font trop de mal ; ils peuvent donner
» des idées.... — Mais , monseigneur , je pen-
» sais.... — Je ne veux pas que vous pensiez. —
» Mais , monseigneur , que deviendrai-je ? —
» Ce que vous pourrez. Que m'importe ? —
» Monseigneur , il faut que je vive. » Et vrai-
semblablement , monseigneur ferait la réponse
que fit sur la même objection , un de ses pareils
à un des vôtres ; et cette réponse, quoique répé-
tée , pourrait encore être un bon mot.

Mais patience ; vous n'êtes pas quittes. Si le
gouvernement vous lâche , l'église vous saisit ;
et l'église tient bon. Vos écrits ont été exa-
minés en Sorbonne. Ils sont pleins d'hérésies
palpables : on y a vu du premier coup-d'œil cent
proposition *impies, hétérodoxes, malsonnantes,*
blasphématoires.

blasphématoires. Le parlement s'émeut et brûle , la Sorbonne censure , le Pape excommunie, et le bourreau vous suit.

Ceux d'entre vous qui n'ayant imprimé qu'*avec approbation et privilége* , ont eu le bonheur d'échaper , sentent pourtant les périls d'un métier qui n'est plus tout-à-fait libre. Mais ils n'en savent point d'autres. Ils se mettent du moins à couvert , en imprimant des platitudes. Et qu'importe si elles valent de l'argent ? Par exemple , ils rédigent la *Gazette de France* , et apprenent à tout l'univers , que monsieur le chevalier un tel a suivi le roi à la chasse, que leur majestés ont été à la messe un tel jour , que la reine a beaucoup ri à dîner , et cent autres nouvelles également importantes au bonheur d'un empire.

Vous le voyez, citoyens, vous devez enfin l'avouer , cet absurde régime ne convient à aucun de nous. En quoi différait-il du despotisme oriental ? Sans les mœurs et sans les lumières qui en tempéraient l'âpreté , notre roi n'était qu'un sultan , nos ministres, que des visirs.

Que votre tâche est grande , citoyens ! quelle serait honorable et belle, si vous saviez la remplir !

La république naissante a besoin d'institutions

D

qui l'affermissent, qui attachent les hommes aux lois et agrandissent leurs pensées, trop étroites encore : au lieu de dégrader, d'anéantir celles qu'elle a déja, projettez-en de mieux conçues, de mieux appropriées au peuple qu'elles doivent réformer : au lieu de donner au langage, qui a aussi tant d'influence sur les mœurs, la tournure sèche et froide de la triste servitude, donnez-lui ce tour affectueux qui fait sentir à tout moment, qu'on est enfant de la patrie.

Nous avons deux ennemis mortels qui se servent mutuellement, le royalisme et le fanatisme. Au lieu d'entretenir les espérances du premier, par tant de craintes et de mensonges, écrasez-le de tout votre courage, et désespérez-le par l'aspect de la vérité : quand ses obscurs complôts sont découverts, au lieu de vous efforcer malignement à détourner l'attention sur les vils restes de la *faction d'Orléans*, trop méprisés pour être redoutables, trop méprisables pour être redoutés, suivez attentivement, saisissez les fils de la trame, dévoilez-en toute l'horreur, appellez sur les conspirateurs l'indignation universelle.

Au lieu de souffler davantage le feu brûlant du fanatisme, la honte d'un âge éclairé, dites aux malheureux qu'il consume, que tous enfans du même père, les hommes doivent s'entr'aimer, que c'est-là la première loi, la seule qu'il leur ait prescrite, que le plus grand crime à ses yeux, est d'assassiner en son nom, et que la religion qui l'honore le plus, est la plus douce et la plus tolérante.

Le superbe édifice de l'éducation, qui doit consolider celui de la république, est à peine encore ébauché. Au lieu de regreter ridiculement les facultés, les universités, les collèges, les séminaires et leurs doctes impertinences, imaginez, tracez, donnez un plan, dont l'exécution facile puisse former nos jeunes citoyens aux vertus publiques et privées, préserve leur esprit des préjugés et de l'erreur, inspire de bonne heure à des enfans qui ne doivent pas toujours l'être, le sentiment de leur dignité.

Nos lois sont incomplètes, et n'ont pas même la perfection que la main humaine peut donner. Au lieu de vou déshonorer en baffouant ce qu'elles ont de sage, pesez long-tems, discutez, proposez, mais avec modestie, les vues d'hommes de bien qui cherchent le bonheur.

Le peuple français a confié le dépôt de la liberté reconquise, à des représentans et à des magistrats qu'il nomme chaque année ; des choix qu'il fait alors , dépendent son repos, sa gloire et sa prospérité. Au lieu de l'égarer par de basses intrigues et par de perfides clameurs , faites lui connaître les hommes qu'il doit rejetter ou choisir ; dites-lui , répétez-lui que son suffrage n'appartient qu'à ceux qui réunissent ces trois qualités nécessaires , probité , patriotisme , capacité ; que le défaut d'une seule est rigoureusement un motif d'exclusion ; qu'on défend mal une constitution que l'on aime faiblement ; qu'au point où en sont désormais les choses , cette constitution ne serait pas anéantie , sans un bouleversement plus horrible que tous les désordres qui l'ont précédée ; et que ceux-là seuls peuvent la maintenir , qui en ont , à toutes les époques , l'inébranlable volonté.

Tels sont les principaux objets , citoyens , qui s'offrent naturellement aux méditations du patriote , capable de faire , au moins , une partie du bien qu'il désire. La matière est vaste , elle est belle et digne de vous exercer. Les difficultés vous rebutent ? Essayez toutefois. Vous n'osez ? Quoi ! un léger travail , un essai , est-il donc au-dessus de vos forces ? Il est vrai qu'il est moins facile d'imprimer pour instruire que pour calomnier. Mais en ce cas , quittez une plume inutile ; ou si vous ne pouvez résister à la

démangeaison d'écrire, bornez-vous à conter
simplement des nouvelles que vous n'inventiez
pas, et ne vous mêlez plus de régenter l'o-
pinion.

Je vous salue de tout mon cœur,

BIENVENUE.

De l'Imprimerie de la Grande rue Taranne, N.º 35,
ancien Hôtel de Marsan, faubourg Saint-Germain.

BIBLIOTHEQUE ROYALE

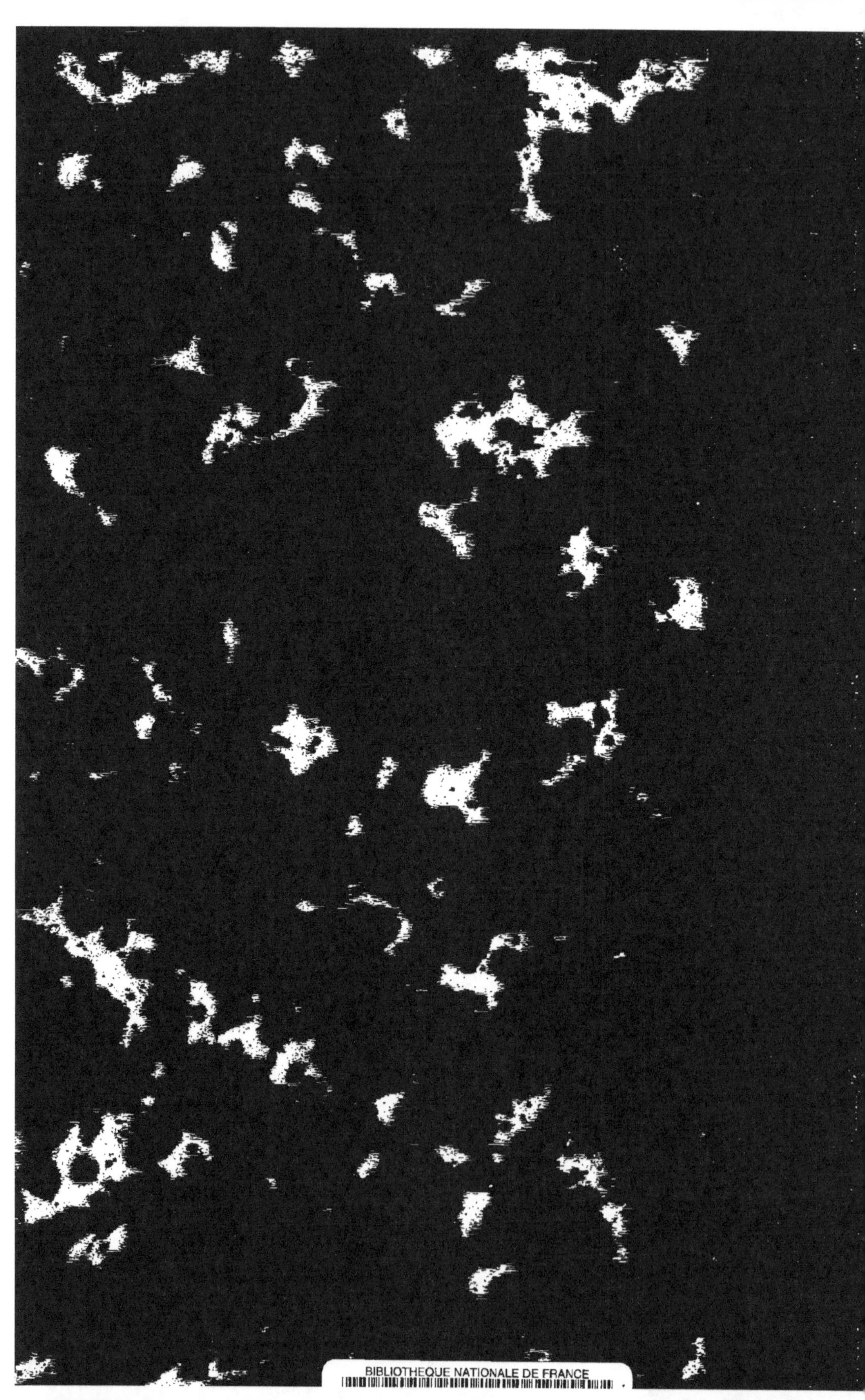
BIBLIOTHEQUE NATIONALE DE FRANCE